筑境

中国精致建筑100

天龙山石窟

中国建筑工业出版社

出版说明

中国是一个地大物博、历史悠久的文明古国。自历史的脚步迈入新世纪大门以来，她越来越成为世人瞩目的焦点，正不断向世人绽放她历史上曾具有的魅力和光辉异彩。当代中国的经济腾飞、古代中国的文化瑰宝，都已成了世人热衷研究和深入了解的课题。

作为国家级科技出版单位——中国建筑工业出版社60年来始终以弘扬和传承中华民族优秀的建筑文化，推动和传播中国建筑技术进步与发展，向世界介绍和展示中国从古至今的建设成就为己任，并用行动践行着“弘扬中华文化，增强中华文化国际影响力”的使命。从20世纪80年代开始，中国建筑工业出版社就非常重视与海内外同仁进行建筑文化交流与合作，并策划、组织编撰、出版了一系列反映我中华传统建筑风貌的学术画册和学术著作，并在海内外产生了重大影响。

“中国精致建筑100”是中国建筑工业出版社与台湾锦绣出版事业股份有限公司策划，由中国建筑工业出版社组织国内百余位专家学者和摄影专家不惮繁杂，对遍布全国有历史意义的、有代表性的传统建筑进行认真考察和潜心研究，并按建筑思想、建筑元素、宫殿建筑、礼制建筑、宗教建筑、古城镇、古村落、民居建筑、陵墓建筑、园林建筑、书院与会馆等建筑专题与类别，历经数年系统科学地梳理、编撰而成。本套图书按专题分册，就其历史背景、建筑风格、建筑特征、建筑文化，结合精美图照和线图撰写。全套100册、文约200万字、图照6000余幅。

这套图书内容精练、文字通俗、图文并茂、设计考究，是适合海内外读者轻松阅读、便于携带的专业与文化并蓄的普及性读物。目的是让更多的热爱中华文化的人，更全面地欣赏和认识中国传统建筑特有的丰姿、独特的设计手法、精湛的建造技艺，及其绝妙的细部处理，并为世界建筑界记录下可资回味的建筑文化遗产，为海内外读者打开一扇建筑知识和艺术的大门。

这套图书将以中、英文两种文版推出，可供广大中外古建筑之研究者、爱好者、旅游者阅读和珍藏。

目录

天龙山石窟

天龙山石窟在山西省省会太原市西南36公里天龙山东、西两峰陡峭的悬崖上，为山西省重点文物保护单位，始凿于东魏孝静帝武定年间（543—550年），此后历经北齐、隋、唐皆代有开凿，共25窟。这些石窟均坐北向南，或高或低，或大或小，东西绵延1400米，计有各种大小造像500余尊，另有浮雕、藻井及线刻画像1144幅。此外，在山北史家峪福慧寺崖壁上有3窟，寺西南沟崖上有3窟，分别为元、明两代开凿。

一、异乡客的来访唤起美的复苏与回归

西安美术学院一级画师郭全忠、二级画师程征二君来晋公干，艺术家炽热的天性自然是耐不住客居并州的寂寞，于是想看些什么——这着意要看的当是具有某种艺术性的，我因而有幸陪客人赴天龙山一游。

那是一个雪后初晴的隆冬早晨，天龙山的盘陀路上铺着一层厚厚的积雪。将近天龙寺，那龙腾虎跃的山势、因崖结构的飞阁、漫山遍野的皑皑白雪、在雪的重压下洋溢着勃勃生机的苍松翠柏、静静的山林、哀哀的鸟鸣……令客人惊叹不已：想不到距山西省会太原市的咫尺之地，竟有如此幽雅如此俊美如此动人的所在！

作为主人，我对天龙山的熟悉自不待言。或许正是因为熟悉的缘故，那种乍相逢所勃发的激情与感受早已在我的心中变得麻木了。客人们的惊叹除了激起我对故土的自豪之外，尤令我感奋不已者，是这种惊叹在我的心中掀起了硕大无比的感情狂澜，使那因习以为常而变得多少有些冷漠的心态获得了一次美的复苏与回归。情之所至，心境难平，因成此文，以飨读者。

天龙山之美首先在于它秀丽而雄浑的自然风光：

这里群山拥翠，巨石嶙峋，峰高林密，重峦叠嶂，山势呈东南而西北走向，西北高，东南低。海拔1700米。山体为石灰岩，山顶为砂

图1-1 天龙山石窟远眺

天龙山位于山西省太原市西南30公里，以佛教石窟闻名于世，开凿有东魏、北齐、隋、唐、五代、元、明31个石窟，雕像500余尊，分布于东西两峰山腰之间，艺术价值极高。

图1-2 天龙山东峰洞窟平面图和立面图（示意图）

异乡客的来访唤起
美的复苏与回归

天龙山石窟

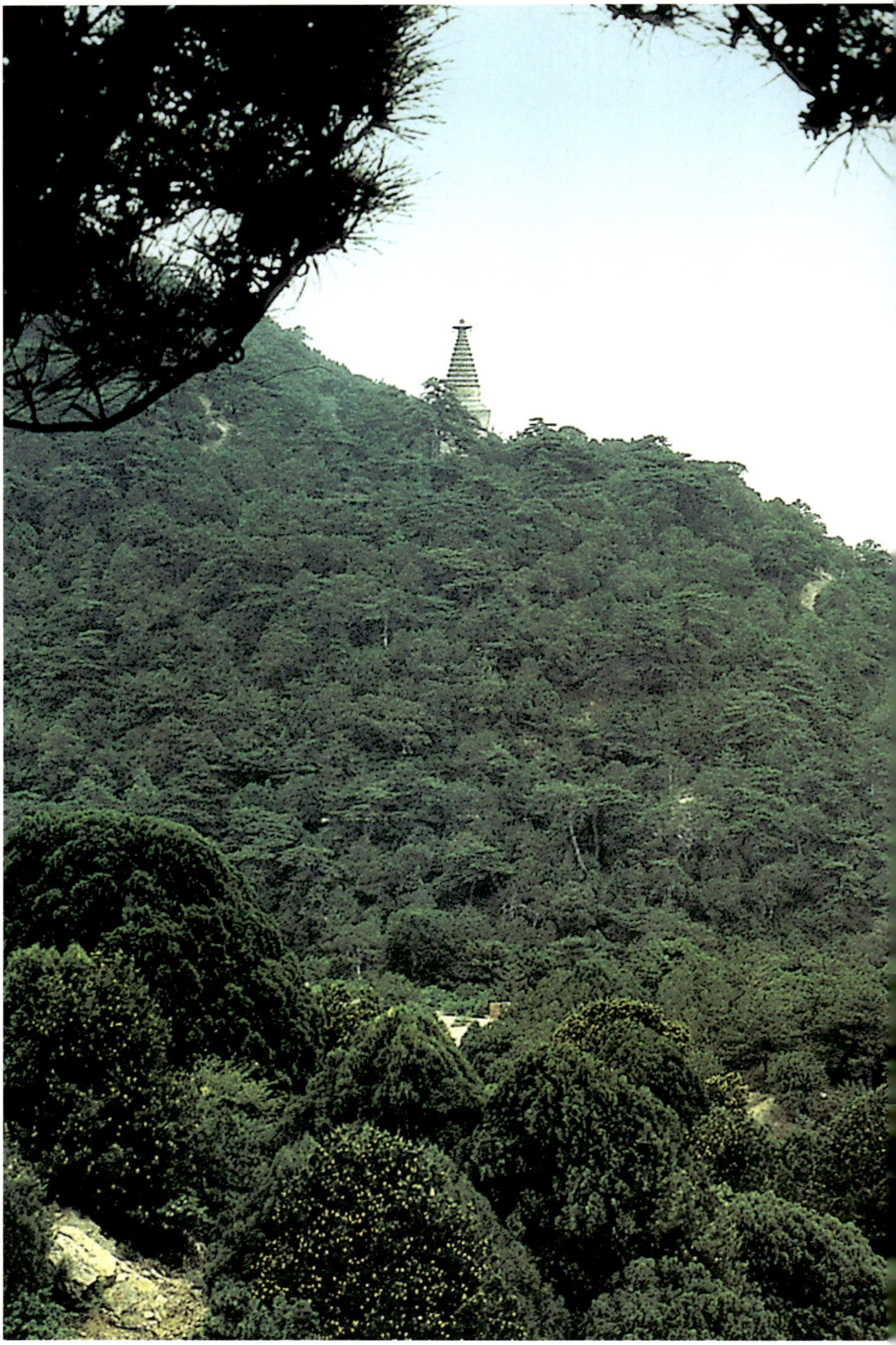

图1-3 崇山环翠/前页
天龙山海拔1700米，峰峦层叠，松柏苍翠，泉水清冽，景色迷人，图为“崇山环翠”，为天龙山八景之一。

岩。山上植被覆盖面积达80%以上，植物种类超过了200种，木本植物逾40%。阴坡油松、白皮松混交，阳坡多侧柏、毛柏，基本上是天然次生林带，保存较完好。山林中栖息禽鸟百余种，亦偶有野兽出没，其中属国家二、三类保护动物者当在10种以上。清仁宗嘉庆年间（1796—1820年）版《太原县志》载，“此山松柏青翠，林木葱茂，既具天然之生成，复有人工之修饰。胜境之佳，在环省诸山中实属罕见。且峰峦秀美，泉声淙淙，气候清爽，幽雅绝俗。游者于此，辄有不忍即返者。”天龙山地下水属砂岩裂隙水，流量不大，但分布极广，形成散泉。《柳子峪志》载，“天龙之泉多在山半，除龙泉寺泉而外，山北、山南、崖腰、巇角、峰侧、岩麓、潜匽、洞出之泉，不一而足……虽有滥泉（正出泉水）、沃泉（悬出泉水）、酒泉（旁出泉水）、肥泉（出同归异之泉水）、瀵泉（异出同流之泉水）、寒泉之不同，而泉水清冽，其味皆甜，皆与醴泉（美泉）无以异也。诸泉之水均注峪中，总括趋喝，汇为一流，砏汃辆轧，遂成小溪。流出天龙，长输远逝，即东出牛家口，流溉峪外之田畴矣。”《柳子峪志》称，“太原一邑之名胜，除晋祠而外，厥惟天龙。”山上景点俯仰皆是，据县志记载，有崇山环翠、佛阁停云、鼎峰独峙、虬柏蟠空、龙池灵泽、石洞栈道、高欢暑宫、柳子旗石等“天龙八景”。山腰有天龙古寺，寺周关帝庙、白龙庙、观音塔等古建筑亦已修复，新建石磴可供游客自天龙寺攀登东、西二峰。置身天龙寺山门前，举目四望，但见西耸层峦，东临绝壑，北横巨崖，

图1-4 蟠龙松

位于天龙山寿圣寺山门前。其树并不高长，枝干平伸四周，松针密布，形如巨大伞盖，遮幅面积达100平方米之多。夏天，游人休憩于下，可免受烈日暴晒之苦，绿荫之下，清爽宜人，人称“蟠龙松”，为天龙山八景之一。

南峙峭峰，环山数十里皆松、柏，郁郁葱葱，四季常青，此即天龙山第一景“崇山环翠”。天龙山石窟第九窟外建大佛阁，每至雨过天晴，便可见翠叶含珠，云雾飘拂，此即天龙山第二景“佛阁停云”。天龙寺对面有山曰“香炉峰”，是为天龙山第三景“鼎峰独峙”。天龙寺前有被誉为“天龙奇观”的蟠龙古松，树身若蟠龙旋绕，枝干平伸，斑驳陆离，形似华盖，虬枝茂密，荫覆110余平方米，此即天龙山第四景“虬柏蟠空”。天龙山以松、柏驰名三晋，《柳子峪志》云：“天龙胜概，名驰三晋。古刹而外，厥惟松柏；兀岫危岩，尽是松柏叆逮；含溪怀谷，无非松、柏郁蓊。”除蟠龙松之外，还有凤凰松、迎宾松、卷帘松（瀑布松）、石上松、龟松、七松坪、松抱柏、石上柏、爬地柏等，千姿百态，各有千秋。天龙山东、西二峰之间有一巨石，古人凿石为洞，内有泉水，涝不溢，旱不涸，清澈甘冽，饮之可祛瘟医疾，延年益寿，是为天龙山第五景“龙池灵泽”。天龙山石窟上、下洞之间旧时有栈道沟通，此即第六景“石洞栈道”。“偶向深山访旧踪，宫名‘避暑’在天龙。三层院落风光淡，十二栏杆月色浓。”这首诗形象地描绘了东魏大丞相高欢避暑宫之概貌，可惜已被毁，仅存遗址，天龙山第七景“高欢暑宫”即此。人多知高欢避暑宫在天龙寺北，却鲜知其确址何在。据明神宗万历二十三年（1595年）《重修天龙山寿圣寺殿阁记》称，“南山万松郁郁，相传乃北齐帝高欢避暑宫也。”据此可知其地当在今天龙寺（寿圣寺）对面南山黑龙洼。天龙山第八景“柳子旗石”耸立于香

图1-5 寿圣寺鸟瞰

位于天龙山石窟脚下，创建于北齐，宋至清代，历毁历建。现存有大雄宝殿、禅院、钟楼等建筑。

炉峰巅。《太原县志》载："插旗石在柳子峪内南山上，高五丈，周四丈余。上有臼，深三尺许，俗传柳盗跖插旗之石。"《柳子峪志》曰："南山以东，峻岭绝顶，有大石焉。魂魂嵬嵬，干云霄而上达；尧尧岩岩，竖旌旄而高飞；象似危楼，形如方柜；阅千秋而不朽，历万古而弗移；若修茎之仙掌，承云表之清露；通天沙（高也）以竦峙，夫岂怕风侵霜蚀；径百常而茎擢（特出之貌），自无忧日炙雨霖；昔年盗跖据此称雄，今日天龙有斯名胜。卓哉大石，孰不仰瞻。"除插旗石外，还有喂马槽、第三合村、下马村（今下石村）、寨峁哨所、跑马场、支锅石、遛马坪、安谷梁等与柳下跖有关的景点和地名，形成系列，引人遐思。除"天龙八景"外，山上还有北汉刘氏陵园遗址、唐高僧善导大师墓、千佛洞、玉皇洞、双塔坟、尼姑坟、卧龙石、九龙泉等景观景点，为天龙山平添情趣。天龙山风景区与晋祠风景区合称"晋祠-天龙山风景名胜区"，为山西省首批省级风景名胜区。天龙山同时还是国家级森林公园和省级自然保护区。

天龙山之美当然还在于它丰富多彩的人文景观，特别是石窟艺术。

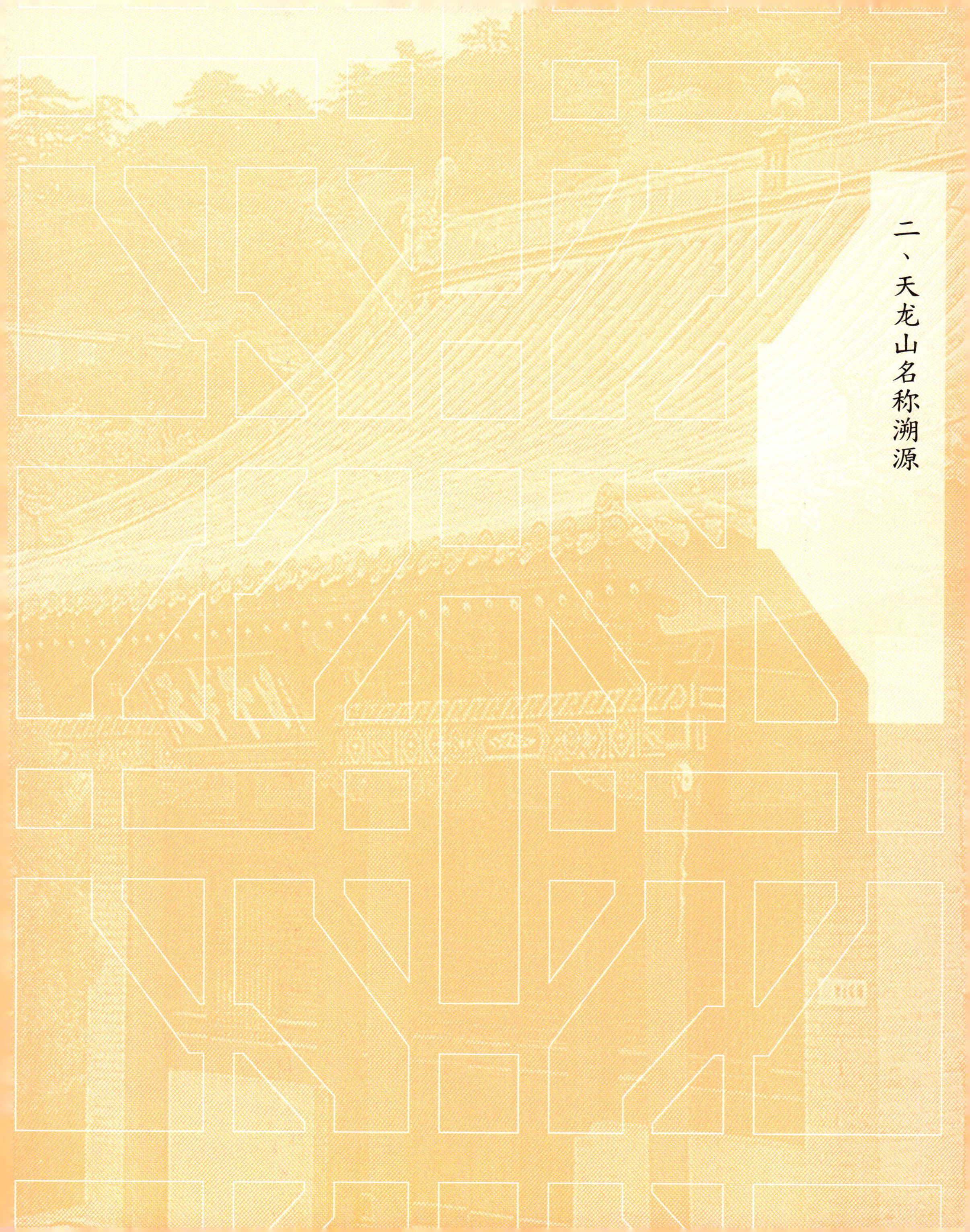

二、天龙山名称溯源

天龙山古称“方山”。北齐孝昭帝皇建元年（560年）建天龙寺，山因寺名，改曰“天龙”。刘大鹏所编《晋祠志》附录《柳子峪志》云：“天龙山为太原县西南区之名胜，非仅胜于柳子峪中也，即邑乘所云之‘方山’，因北齐所建天龙寺，遂别名之曰‘天龙山’。”明神宗万历二十三年（1595年）晋王府靖安王朱胤龙所撰《重修天龙山寿圣寺殿阁记》则以为“天龙”之得名系缘于山之气势：“太原西南诸峰自太行脉络而来，危峦叠嶂，奇拔秀整，磅礴郁积，魁杰雄峙，矗出云表，

图2-1 佛阁停云

位于天龙山第9号窟，为重檐歇山顶楼阁，系1985年按明代样式复建。阁内造像有弥勒大佛坐像，有“漫山阁”、“大佛阁”之称。楼阁规模宏伟，结构繁复，登临其上，可俯瞰天龙山云雾。其景“佛阁停云”，为天龙山八景之一。

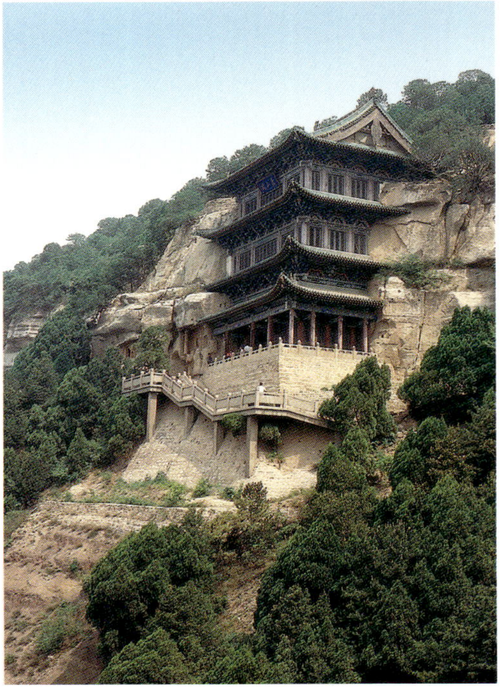

图2-2 石洞栈道

天龙山石窟凿于悬崖峭壁之上，险峻高耸，古时曾修有栈道，以供登临，称为“石洞栈道”，也是天龙山八景之一。

图2-3 天龙山庄
位于天龙山寿圣寺旁，是复修的一组建筑群，可供游人休憩。

蜿蜒如尤跃之势，因名之曰‘天龙山’，为晋阳之藩襟焉。”明世宗嘉靖二十五年（1546年）奉政大夫雷鹏撰、书之《重修天龙寿圣寺碑记》云：“寺东上一里许，凿石为洞，深、广各三丈余。洞中开池，池水深澄，蒸郁云气。每岁旱，居民汲水而归，辄得甘霖沾渥。然龙能兴雨洞者之故以名寺，且旁有白龙池可征。”却将天龙山得名缘由归因于“龙洞”。另据北汉刘继元广运二年（975年）尚书令左仆射兼中书侍郎李恽所撰《北汉英武皇帝新建天龙寺千佛楼碑铭》称：“往者北齐启国，后魏兴邦，虽未臻偃伯之称，且咸正事天子之位。时或倦重城之宴处，选面胜之良游，因营避暑之宫，用憩鸣銮之驾，亦犹秦之阿房、晋之虒祁、楚之章华、汉之未央，古基摧构，往往存焉……于是乎金人塔庙，老氏宫观，星布

图2-4 关帝庙

位于天龙山寿圣寺旁，三间悬山顶建筑，内供关羽塑像，有关羽壁画。

于岩石矣！……有高寺，榜曰'天龙'。故《易·乾》云：夫龙者，潜即勿用，飞即在天，命寺之名，固其宜矣！"李恽在碑文里将《周易·乾传》中"初九潜龙勿用"和"九五飞龙在天"之含义用于佛教寺院名称的来历解释，似乎是缺少说服力的。雷鹏撰、书之《重修天龙寿圣寺碑记》云："寺以'天龙'名，或曰'取诸释经天龙八部之义'。"这是有道理的。八部众分别为天、龙、夜叉、乾闼婆、阿修罗、迦楼罗、紧那罗、摩睺罗伽，其中以天、龙二众为上首，故八部众以"天"、"龙"为标举。寺、山之名，当源于此。

三、石窟巍巍列峭崖

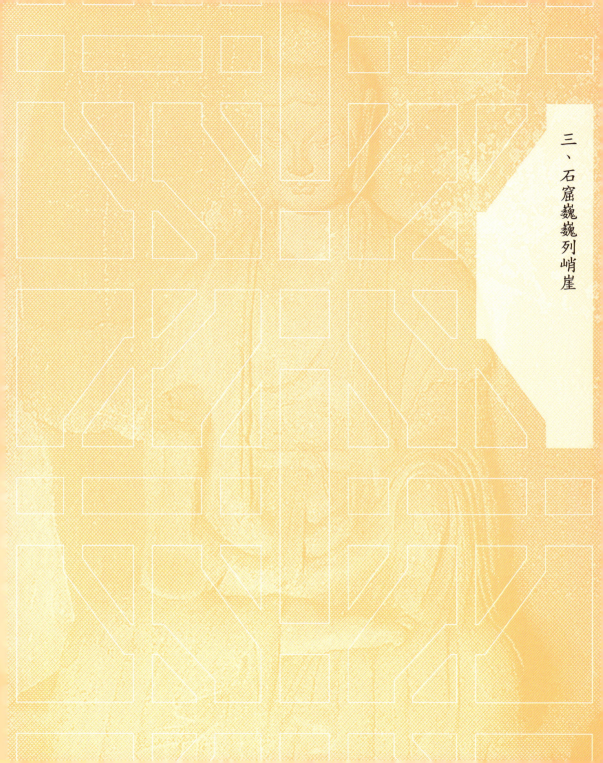

图3-1 第1窟窟门
位于天龙山石窟最东侧，北齐开凿。洞窟包括前廊和后室，前廊面宽3.56米，进深1.22米，高2.4米，中部原雕二石柱，建筑形制为三间仿木构，现存柱头上大斗口内设替木，承托横向额枋，枋上设人字形斗栱，补间施一斗三升，栱有内顱式卷瓣，半栱上承托替木及檐枋，留有椽孔一排。

“天下熙熙，皆为利来；天下攘攘，皆为利往。”人世间熙熙攘攘，车水马龙，纷扰繁杂，热闹异常。在熙来攘往的人流中，有相当一部分人或单独行动，或成群结伙，汇合为追名逐利、猎取权势、图财害命、男欢女爱、钩心斗角、蝇营狗苟的黑色浪潮，让另一部分洁身自爱而祈求解脱的人倍添烦恼。洁身自爱的人们厌恶尘世的纷扰，于是舍弃繁华，皈依佛门，遁入深山，寻求自在。他们最初的栖身之地便是在悬崖峭壁上开凿出来的石洞，即佛教三大建筑类型之一的“石窟寺”。

石窟寺的源头在佛教发祥地印度，大约到了公元4世纪的两晋时期传入我国。北魏迄隋唐两代，因着帝王、官宦对佛陀的崇信，使石窟开凿的事业臻达极盛时期，晚唐以后逐渐减少而走向式微。

石窟寺一般有两种形式：一种谓“毗诃

图3-2 第2、3窟外观

第2、3窟窟门相邻，开凿于东魏时期，沿袭云冈、龙门双窟形制。两窟之间崖面刻有一碑，上刻螭首，中雕一尊小坐佛，碑文惜已凿毁。

图3-3 第3窟天花及飞天雕刻示意图

图3-4 第2窟主佛

第2窟坐北朝南，平面方形，盝顶，主室面宽、进深皆为2.54米，高2.68米。主佛位于室内北壁帐形龛内，面相慈祥静穆，身着褒衣博带式袈裟，裙裾下垂，衣褶疏密自然。佛像右手残，左手下指，结跏趺坐于须弥座上，反映了北朝高超的雕刻艺术。

图3-5 摩崖佛造像
位于第3、4窟之间摩崖上，雕圆拱形小龛佛造像7龛，龛两侧施柱，尖拱楣。龛内各雕1佛，中为倚坐弥勒，坐于须弥座上。两侧各雕3佛，结跏趺坐于仰覆莲座上，施禅定印。

罗”，或曰“精舍”，即寺庙之意，其左、右两侧及后部洞壁上多开小龛，洞窟规模较大；另一种名“支提”，或称“制底”，即塔庙之意，其中心靠后壁的部位在开凿洞窟时留有崖柱，雕镌为塔形，洞窟规模较小。遁入佛门的僧侣们居住其内，潜心习修，参究佛道，与世无争，过着恬淡、静谧、清苦的生活，在和大自然的亲密相处中谐调人与自然的关系，自得其乐，多有感悟，加深了对佛学奥旨的认识和理解。

佛教本来无偶像崇拜，但是自公元前326年希腊的亚历山大王占领了印度的西北部后，因受希腊艺术的影响，于是在石窟寺内出现了佛教造像和绘画，遂使石窟寺逐渐成为弘扬佛教教义的道场和礼佛、参禅、祈福、布施的地方。

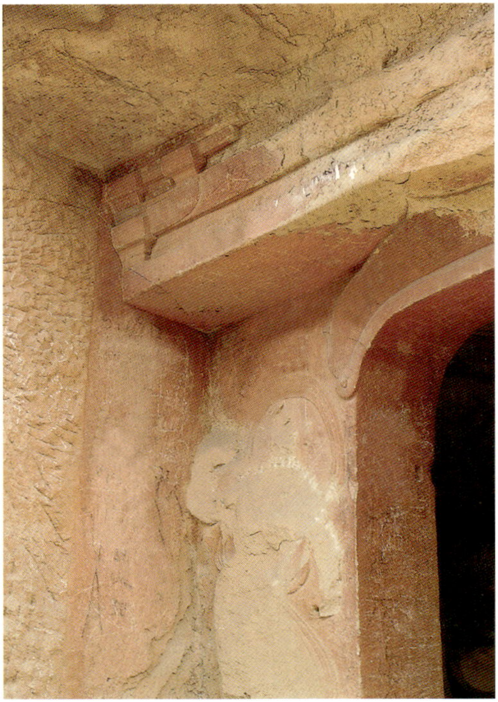

图3-6 第6窟斗栱细部
第6窟开凿于唐代，坐北朝南，分前、后室。前室高2.06米，宽1.76米，深1.00米，立面长方形，门顶刻横枋，两端刻仿木结构一斗三升。窟门为圆拱形，门两侧各刻一力士，均毁。

天龙山石窟开凿于东魏迄唐间，是中国佛教石窟艺术鼎盛时期的代表作品之一。大小不同的石窟分布在天龙山寿圣寺北面东、西两峰的峭壁上，于1965年5月被定为山西省重点文物保护单位。东峰石窟编号为第1至8窟，西峰石窟编号为第9至21窟，东峰上层另有4窟未予编号，凡25窟。这些石窟均坐北向南，依地形开凿，或高或低，或大或小，东西绵延1400余米，计有各种大、小石窟造像500余尊，另有浮雕、藻井及线刻画像1144幅，窟与窟之间有山径相连（原为栈道）。另外在山北史家峪福慧寺东崖壁上有3窟，寺西南沟崖上有2窟，分别为元、明两代开凿。这里的石灰岩山体呈青色或浅黄色，质坚而脆，纹理细密，宜于开窟造像，部分洞窟凿于砂岩上，极易风化，自

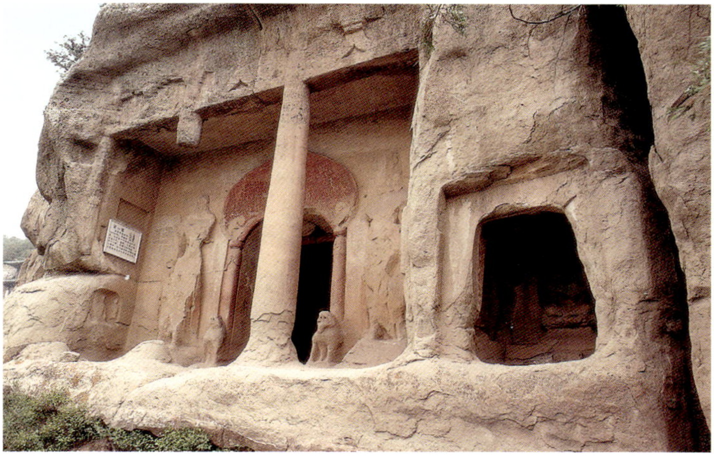

图3-7 第8窟外观

第8窟在天龙山石窟中规模最大，开凿于隋代，分设前廊及后室。前廊面宽4.3米，高3米，进深1.7米，三开间仿木构建筑形式，圆形廊柱4根，下雕覆盆柱础，柱头直接承托额枋，补间为人字形斗栱。正中窟门圆拱形，门上饰尖拱楣，两侧雕圆柱，柱头有凤鸟，柱下各雕一狮。门两侧原雕两尊力士，均毁。

a

b

图3-8 第8窟平面图和剖面图

然漫漶严重，但石灰岩洞窟则多数保存相对完好。石窟始创于东魏孝静帝武定年间（543—550年），其时高欢建大丞相府于晋阳，遥控东魏政权，天龙山第2、第3两窟即系东魏创建石窟时仿北魏云冈石窟而开凿。高欢子高洋建北齐政权后，以晋阳为“别都”，又开凿了第1、第10两窟。以上4窟为中国石刻艺术由北魏的草创期向隋、唐的成熟期过渡之作品实例，十分珍贵。其后于隋文帝开皇四年（584年）开凿了第8、第16两窟，镌刻了著名的《石室铭》。其余14窟及4个未编号窟均为唐迄五代开凿。

唐以前开凿的石窟平面大多呈方形。东魏开凿的第2窟北、东、西三面作低坛基，基上三壁各开大佛龛，分为尖拱形龛与天幕形龛两种类型。尖拱龛两端作龙首形，龛柱为八角形，柱顶镌刻束莲，盝形窟顶中心藻井刻宝妆莲花，四面坡上刻紧那罗舞伎。龛内凿造佛像一尊，龛外及窟门左右均镌刻胁侍二菩萨像。第3号窟则在龛内造一佛二菩萨像，龛外雕二供养人像，左右壁佛龛之南分别镌刻文殊师利与维摩诘像。其中的一尊供养人像神态喜悦，动作轻快，举手作揖，屈膝欲跪，显得极为生动与传神。这些造像秀骨清癯，肩胛较窄，线条硬直，凝重洒脱，内着僧祇衣，外着褒衣博带之大衣，有双带自大衣内引出作结下垂，手法明快、干练，体现了东魏时期石窟艺术的典型特色。

图3-9 第10窟外观

北齐开凿。窟分前廊、后室，前廊为三间仿木构建筑形制，中部雕两根八角石柱，柱身收分明显，柱头饰仰莲花瓣，柱脚为覆盆柱础。柱头承托额枋，上施一斗三升。现在东柱已毁，西柱基本完好，柱身西侧题记："并州太原县士贤□人往崇山□至心礼拜时"。窟正中开圆拱形窟门，上刻尖拱门楣，门两侧有两根八角柱，柱头雕饰莲花火焰宝珠及凤鸟。门两侧各一尊力士圆雕，西侧力士已毁，东侧力士着菩萨装，面相丰满，张口露齿，颇具几分幽然。

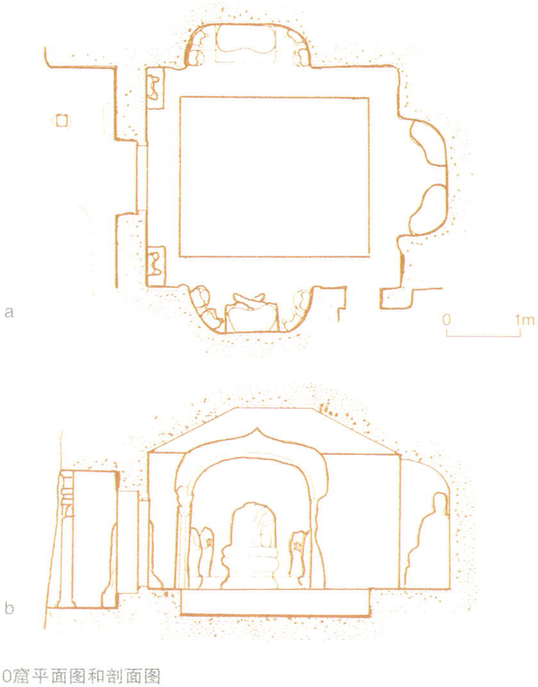

图3-10 第10窟平面图和剖面图

图3-11 第12窟外观/前页
第12窟窟门两侧各雕一塔，塔高1.7米，方座，塔顶上施覆钵、塔刹，塔身开圆拱龛，内雕一佛二菩萨。佛像着双领下垂袈裟，结跏趺坐，胁侍菩萨敷搭披巾，下身着裙，侍立两侧。塔东侧圆雕一罗汉像，高1.3米，内穿僧祇支，外披袈裟，立于圆座之上。罗汉东侧还有一方形塔，塔身中空，叠涩塔檐，上承塔顶覆钵及宝瓶塔刹。从三塔形制和造像风格看，当为北齐至隋朝的作品。

北齐开凿的第1、第10两窟前廊凿八角形柱2根，柱顶刻仰莲，莲上镌替木，替木上有额枋，额枋上有斗栱。柱头斗栱为“人”字形栱，补间铺作为一斗三升栱或“人”字栱。第10号窟正面坛基上镌刻释迦、多宝说法像，坛基前正中刻摩尼珠，左右分列半蹲石狮。两侧龛内雕一佛、二声闻、二菩萨像或一尊结跏趺坐菩萨像，两侧有胁侍二弟子或二菩萨像，坛前刻乾闼婆伎乐人像5尊，细腰鼓、都昙鼓、琵琶、瑟等乐器仍清晰可辨。门内左右两侧雕持叉二天王像，门外左右两侧雕深目高鼻、颈筋暴起之二力士像，前胸突出，衣纹稀疏，乃北齐造像之共同特点。

隋代开凿的第16窟窟外施仿木构前廊，面宽约5米，高2.73米，进深1米，顶部凿窟檐。窟廊左右两侧凿八角形廊柱，柱距3.8米，柱础雕覆莲，柱头雕一斗三升栱，补间铺作雕“人”字形栱，栱下施阑额，以栌斗承托。廊柱柱径0.36米，上部柱径略小于下部，自下而上逐渐变细。廊柱外皮至入口处1.06米。入口处外壁左右两侧各雕护法天王像一尊，身姿略有倾斜，高1.52米，头戴宝冠，外侧手臂握拳向上，手作执戟状，内侧手掌展开，置于腰际，腹部系带处明显变细，腰至膝部变肥，身着铠甲，神态威武。窟口宽1.06米，高1.36米，窟口顶部作火焰形，两侧小柱上镌凤凰。窟前壁厚0.85米，窟内面宽与进深各3.03米，中高3.33米，边高2.88米，窟顶中部镌刻藻井。藻井为水平状，中雕八叶莲花，莲花周雕女性飞天伎乐像，所用乐器有笙、琵琶、

图3-12 第13窟外观

无窟室，仅在崖面凿圆拱形像龛，上饰尖拱门楣。龛高86厘米，宽68厘米，内雕一佛二菩萨。佛像右袒，左手置左足上，右手抚膝，结跏趺坐。两侧菩萨下身着裙，立于莲座之上。龛上方及东部崖面刻6个圆拱形小佛龛，为唐代作品。

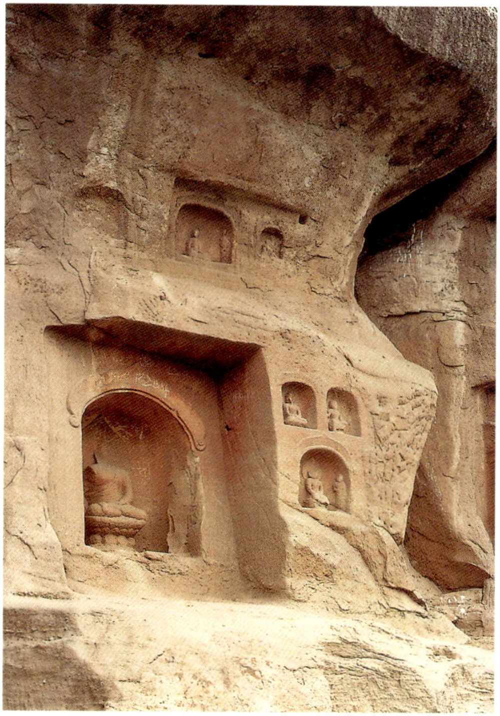

横笛等，发髻类似蝴蝶结。窟内正中雕方柱，正面及两侧三壁均镌大佛龛，中心柱四面亦镌刻佛龛，窟内甬道较长。东壁佛龛宽1.52米，高1.94米，深0.97米，内雕一佛二菩萨二比丘像。佛像为坐姿，高1.21米，左手作与愿印，右手作施无畏印，下部须弥式金刚座宽1.06米，高0.3米，深0.73米。菩萨像为站姿，高0.97米，其中一尊右手齐胸，左手持瓶置于腰际；另一尊右手下垂，左手当胸。比丘像与菩萨像等高，其中一尊右手齐胸，左手提袋；另一尊肩部以下风化。北壁（正面）佛龛与东壁

佛龛宽、高相同，龛内亦雕一佛二菩萨二比丘像，高度及形制与东壁相同。西壁佛龛宽1.67米，高2.12米，深1.21米，内雕一佛二菩萨二比丘像高度及形制与另二壁均相同。三壁龛内居中佛像均无肉髻相，螺发右旋，唇厚颊丰，为他处所罕见。窟内造像方面大耳，前胸突出，衣纹简洁，朴拙厚重，这是隋代造像所共同具有的特征。窟内东南、西南两隅岩座上各镌一尊高1.3米之圆雕护法天王像；正面佛龛外左右两侧各雕一尊菩萨像，手执莲花合掌站立于莲台上；主佛像前有一尊高1.21米之圆雕像，窟门两侧各有几尊高约0.36米之男性伎乐天像，粗眉倒立，眉间有皱纹，两颊肌肉隆起，嘴唇紧闭，作吹奏或弹奏乐器状，当是佛教石窟中罕见之雕像，十分珍贵。

唐代石窟平面呈方形或马蹄形，有平顶、穹隆顶、盝顶等窟顶形制，窟内北、东、西三面作低坛基。门内凿为方形，外为券拱形。窟内造像多姿多彩，面相丰满秀美，姿态活泼自然，有了较为鲜明的人情味和亲切感，乃石窟艺术成熟期之作品。在佛教雕塑艺术中，供养菩萨历来是最活跃、最生动、最具人性色彩的部分。镌刻于第14号窟的菩萨像堪称杰作，其面型丰满圆润，神态俊逸潇洒，轻纱贴体，璎珞缠身，肌肤细腻，身材苗条，比例恰当，体态匀称，妍丽与典雅、文静与健美得到了高度的和谐与统一，恬淡高雅，极有韵味。这些造像健康丰满，具写实风格，显示了强劲的生命活力，是唐代石窟艺术风格的反映和诠释。

图3-13 第16窟外观

开凿于隋开皇四年（584年），为天龙山石窟外檐保存最完整的洞窟。前廊为三间仿木构建筑形式，总面宽3.65米，高与进深皆2米。明间立两根八角柱，下施覆莲柱础，柱头大栌斗上承托额枋及一斗三升式斗栱。后壁正中开圆拱形窟门，门两侧各雕一力士像，惜已毁掉。此窟檐口的结构、形制和比例，与纯木构建筑极为相似，弥补了我国没有齐隋间木构建筑实例的缺憾，在建筑史上具有重要意义。

图3-14 第16窟平面、立面、剖面图

天龙山石窟虽然规模不大，但是却包含了东魏、北齐、隋、唐、五代，乃至明代的作品，其雕镌技巧的娴熟、洗练，情感的奔放、饱满，表现手法的细腻、生动，在中国石窟艺术中独树一帜，占据了十分重要的地位，一向为中外美术史界和佛学界所瞩目。南北朝时期的佛像大多清秀俊美，贤淑典雅，面带微笑，风度潇洒，宁静飘逸，寄托了处于战乱期的人们对未来的希冀和理想。唐代佛像则趋向世俗化，形象丰满，面容端庄，表情亲切，具有更多的人情味和亲切感，是处于富足社会的人们精神状态的反映。天龙山石窟正是由南北朝至晚唐不同时期石窟形制及造像艺术发展、演进过程的反映，是研究石窟艺术发展史不可多得的珍贵实物资料。正如日本学者田村节子在其所撰《天龙山石窟及其佛头的去向》中指出的："在基于其独特的宗教思想而贯彻始终的营造方式背后，这一地区必定有一个兼管政教双方并且适应时变而经常具有一定权力的强大宗派。从这种意义上看来，这一石窟寺在中国佛教雕刻史的长河中，始终呈现着游离状态，保持着自己独特的'天龙山样式'。可以说，这组石窟寺的存在不仅表现了具有地方特色的浓厚的艺术性和丰富的造像手法，而且在中国佛教文化史中也占有不可忽视的重要位置。"

四、中国石窟造像的一枝奇葩

天龙山石窟以位于西峰凿于晚唐的第9号窟气势最为恢宏，是犍陀罗形式的中国化作品，堪称中国石窟造像艺术的一枝奇葩。因其上建重檐歇山顶楼阁，内庇大佛，故有“大佛阁”、“漫山阁”、“重檐阁”等称谓。今存高阁系1985年按明武宗正德元年（1506年）原样复建，高与山齐，宏伟壮观，气势雄浑。阁内造像分上、下两层布列，上层为弥勒大佛坐像，通高8.8米，面相方圆，丰润雍容，端庄凝重，比例均衡谐调，衣褶简洁流畅，足踏莲花，与盛唐时丰厚为体的风格不同。下层主像为观音菩萨，左雕文殊菩萨，右镌普贤菩萨。窟内精华，当以观音菩萨造像为最。

菩萨是梵语“菩提萨埵”的汉语音译，义译“觉有情”，即“上求菩提（‘菩提’含意为觉悟），下化有情（‘有情’即众生）”的人。据《翻译名义集》卷一引僧肇注：“菩提，佛道名；萨埵，秦言‘大心众生’。有大心入佛道，名‘菩提萨埵’。”另据法藏注释：“菩提，此谓之‘觉’；萨埵，此曰‘众生’。以智上求菩提，用悲下救众生。”菩萨即修持六度，求无上菩提，利益众生，于未来成就佛果的修行者。观音菩萨梵语名称为“阿婆卢吉低舍婆罗”或“阿缚卢枳低湿伐罗”。据佛经讲，遇难世人只要诵念其名号，彼菩萨即可观闻其声而至，拯救遇难者脱离险境，故名“观世音”。迄唐，为避太宗李世民名讳而去“世”字，简称“观音”。唐僧玄奘译《心经》时改译观世音为“观自在”。观音菩萨为阿弥陀佛的左胁侍，与右胁侍大势至菩萨以及

图4-1 第9窟露天大佛

第9窟开凿于唐代，窟坐北朝南，分上下二层。上层正中圆雕弥勒大佛坐像，高近9米，面相方圆，螺髻右旋，额际有明毫，身穿双领袈裟，内着僧祇支，足踏莲花，坐于须弥座上。下层主像为十一面观音菩萨，像高11米（头被盗凿），颈戴项圈，上身半裸，斜搭璎珞、披巾，下裙紧贴双腿，足踩莲座，身姿扭曲自如，项饰华丽，比例适度，体现了唐代雕刻艺术的高超水平。

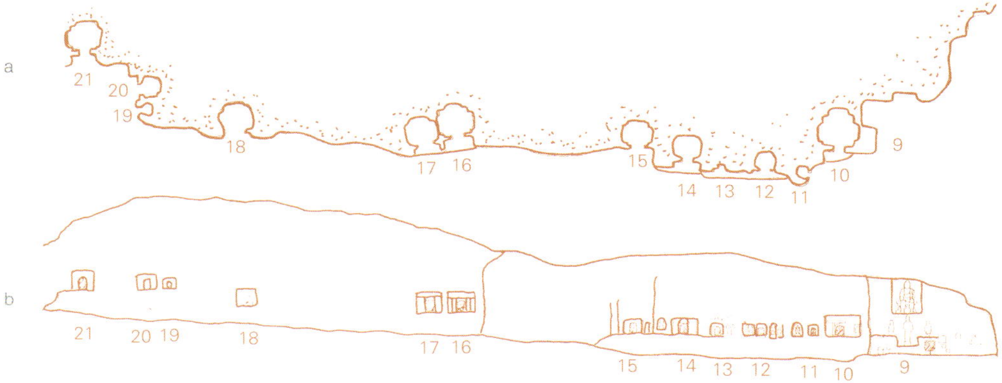

图4-2 天龙山西峰第9至21窟平面图和立面图（示意图）

图4-3 第9窟大佛

天龙山石窟到唐代，发展到开窟造像的鼎盛时期，新出现了十一面观音等密宗佛教题材。佛像为旋涡纹高肉髻，衣褶突起，呈泥条状，紧贴身体。图中大佛为弥勒大佛，位于第9窟，窟外大阁即“漫山阁”，系20世纪80年代复建。

图4-4 第9窟大佛局部/对面页

阿弥陀佛一佛二菩萨共为“西方三圣”。观音以“大悲”为号，与“大智”文殊、“大行”普贤、“大愿”地藏同为中国佛教四大菩萨。其道场在浙江省的普陀山，其生日为阴历的二月十九日，成道日为阴历的六月十九日，涅槃日为阴历的九月十九日。观音菩萨具各种不同形象，有六观音、三十三观音、观音三十三身、三十二应化身等，但一般所说的观音是作为其总体的“圣观音”。据佛教传说，观音可随机应变为种种化身救拔众生苦难。在我国寺院中的观音形象一般塑造为女相。女相观音造型大约始自南北朝时期，盛行于唐及唐代以后。所谓“六观音”即观音菩萨的六种形象。天台宗所传六观音为大悲观音、大慈观音、狮

子无畏观音、大光普照观音、天人丈夫观音、大梵深远观音；密宗所传六观音为千手千眼观音（即“大悲观音”）、圣观音（即“大慈观音”）、马头观音（即“狮子无畏观音”）、十一面观音（即“大光普照观音”）、准胝观音（即“天人丈夫观音”）、如意轮观音（即“大梵深远观音”）。此外我国佛教寺庙一般还供奉有送子观音，主管生儿育女，是祈求多子多福或生养子女的善男信女膜拜的偶像。三十三观音为观音菩萨的三十三种不同形象，即：杨柳观音、龙头观音、持经观音、圆光观音、游戏观音、白衣观音、莲卧观音、泷见观音、施药观音、鱼篮观音、德王观音、水月观音、一叶观音、青颈观音、威德观音、延命观音、众宝观音、岩户观音、能静观音、阿耨观音、阿么提观音、叶衣观音、琉璃观音、多罗尊观音、蛤蜊观音、六时观音、普慈观音、马郎妇观音、合掌观音、一如观音、不二观音、持莲观音、洒水观音。三十三身是观音菩萨救度众生广说佛法时所示现的种种身份（三十二应化身与三十三身大同小异），在我国寺院的佛教造像中极罕见，故不赘述。

图4-5 第9窟普贤菩萨/对面页
位于第9窟下层观音东侧，普贤菩萨端坐象背莲座之上，头束高髻，颈饰项圈，身披璎珞，面形丰颐圆润，右手抚膝，姿态自然。

第9号窟中的观音菩萨像是窟中的主体本尊像，为十一面观音（即“大光普照观音”），因其有十一种面相，能破阿修罗道，故名。雕像为站姿，通高11米，上身披挂瓔珞，下裙紧贴双腿，右腿微弯，臀部略向左扭，重心稍偏于左脚，轻纱透体，形象生动，姿势优美，身材修长，体态丰满，具含蓄、恬淡之东方女性美，雕工精绝。这尊观音立像比例恰当，全身各部位均是富有韵律感与节奏感的有机组合。其腹部扁平，侧面轮廓由胸脯经腰至臀呈S形曲线，胸、腰、臀三部位的分界线明显，体形曲线极有律动感，上下身分割接近黄金比例，完全可以说是美的化身，是东方的维纳斯。当时的艺术大师们以自己的聪明才智和高超技艺赋予静止粗笨凝固冰冷的山石以活泼的性格、生命和灵魂，达到了登峰造极、炉火纯青的境界，令人怦然动情，叹为观止。

五、佛首今何在　魂兮胡不归

20世纪20年代初，法国的西林、日本的常盘大定与田中俊逸等人先后赴天龙山进行实地考察，相继发表了考察报告、学术论文及照片资料等，并出版了大型画册《天龙山》，遂使天龙山石窟这个“藏在深闺人未识”的“绝代佳人”誉播海外，声名大噪。与此同时灾难也接踵而来，一些外国文物窃贼与当地劣僧相勾结，盗走了许多佛像、浮雕及壁画。这些珍贵文物至今仍存放在日本、美国及欧洲一些国家的博物馆内，令人思之痛惜。

在20世纪20年代发生的盗窃天龙山石窟文物大浩劫中，150多件雕刻品被盗运国外。据日本田村节子所撰《天龙山石窟及其佛头的

图5-1 第1窟西壁佛像
窟内西壁正中开圆拱形龛，尖拱龛楣，两侧八角龛柱，柱头仰莲上饰凤鸟（已残）。龛内雕一佛二菩萨，佛像身着袈裟，褒衣博带，胸前束带，左手下指，右手上举，结跏趺坐于束腰仰覆莲座上。

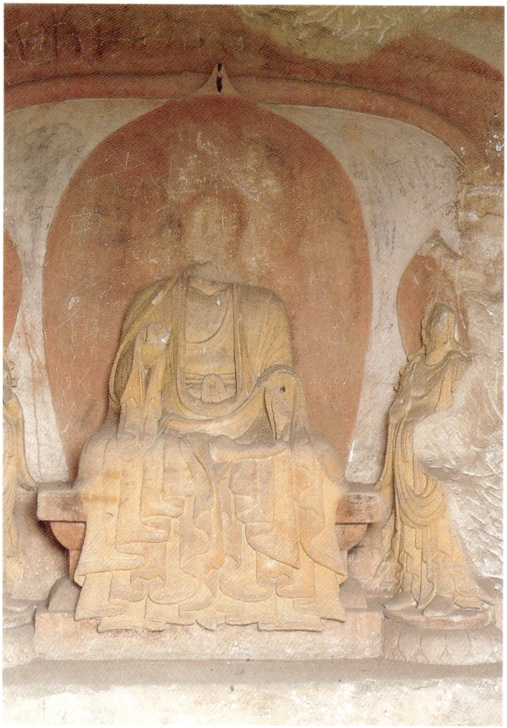

去向》一文介绍，“到目前为止，已找到被认为是‘天龙山招来佛’的47件雕刻物（大半为佛头）。其中29件已确认是由天龙山的某一个窟室中搞来的，还有8件亦已大体确认为是该石窟的东西，现正在积极寻找其出处。令人遗憾的是，剩余的那10件则几乎不可能是该石窟中的雕刻物。”在海外已找到并被确认为是天龙山石窟文物的种类主要有佛头，亦有部分佛、菩萨的胸部或躯干，另有一些浮雕伎乐天，目前分别存放在日本东京国立博物馆、日本根津美术馆、美国堪萨斯城纳尔逊—阿特金斯美术馆、美国马萨诸塞州伍斯特城美术馆、美国夏威夷檀香山（火奴鲁鲁）艺术学院、意大利罗马国立东方美术博物馆、意大利福贾艺术博物

图5-2 第3窟佛像/左图
位于第3窟北壁，正中雕圆拱形龛，佛像头残，着褒衣博带袈裟，内着僧祇支，结跏趺坐于须弥方座上，裙裾下垂，衣纹卷插，颇富层次感，犹存北魏艺术手法。

图5-3 第4窟佛像/右图
位于第4窟北壁，龛形较浅，雕一佛二弟子。佛像头部及右手残毁，左手置于腹前，宽肩细腰，身穿袈裟，右臂袒露，肌肉圆润，衣纹密致流畅，结跏趺坐于方形须弥座上。

图5-4 第5窟佛像/上图

位于第5窟东壁，两尊头均残，风化较严重，南侧胁侍菩萨头后尚存桃形顶光，仰覆莲座仅能辨出大形。

图5-5 第8窟佛像/下图

位于第8窟中心柱南壁，中心柱平面方形，宽2.1米，深1.9米，四壁龛内均雕一佛二弟子像。南壁龛雕成帐形，顶部有莲花及火焰宝珠，两侧悬挂流苏。佛像后有舟形背光，佛穿双领下垂袈裟，结跏趺坐于莲座上。两侧弟子一执净瓶，一执布袋，立于莲座上。第8窟雕像为隋代作品。

图5-6 第18窟佛像/上图

位于第18窟西壁，通壁凿连弧尖拱形龛，龛内雕一佛二菩萨，佛像头毁手残，结跏趺坐于仰覆莲座上。旁侧菩萨双臂戴钏，颈戴项圈，半跏舒坐于莲座之上。

图5-7 第19窟佛像/下图

第19窟坐东面西，三壁三龛，正壁（东壁）内佛像及一弟子已毁，北壁连弧形尖拱龛，龛内一佛一菩萨。窟内佛像残毁较严重。

馆、英国伦敦大不列颠博物馆、瑞士苏黎世里特伯格博物馆、德国柏林博物馆等处。此外，美国伊利诺伊州奥卡城的史蒂芬·坦坎三世及该州温内特卡城的阿尔斯多夫等个人手中亦有收藏。

飘零海外，与身躯分离六七十年的佛头既然已有踪可寻，我们强烈呼唤被窃之物的尽快回归，以慰当年惨遇蹂躏的东方美神那祈盼魂魄再会的殷殷情愫。

图5-8 第8窟中心柱佛像

位于窟内中心柱北壁，壁面为帷帐形，雕饰三角垂幛纹、莲花及火焰宝珠，龛内一佛二弟子。佛像结跏趺坐于仰莲座上，两侧弟子着双领袈裟，立于仰莲座上。

六、天龙山上寿圣寺

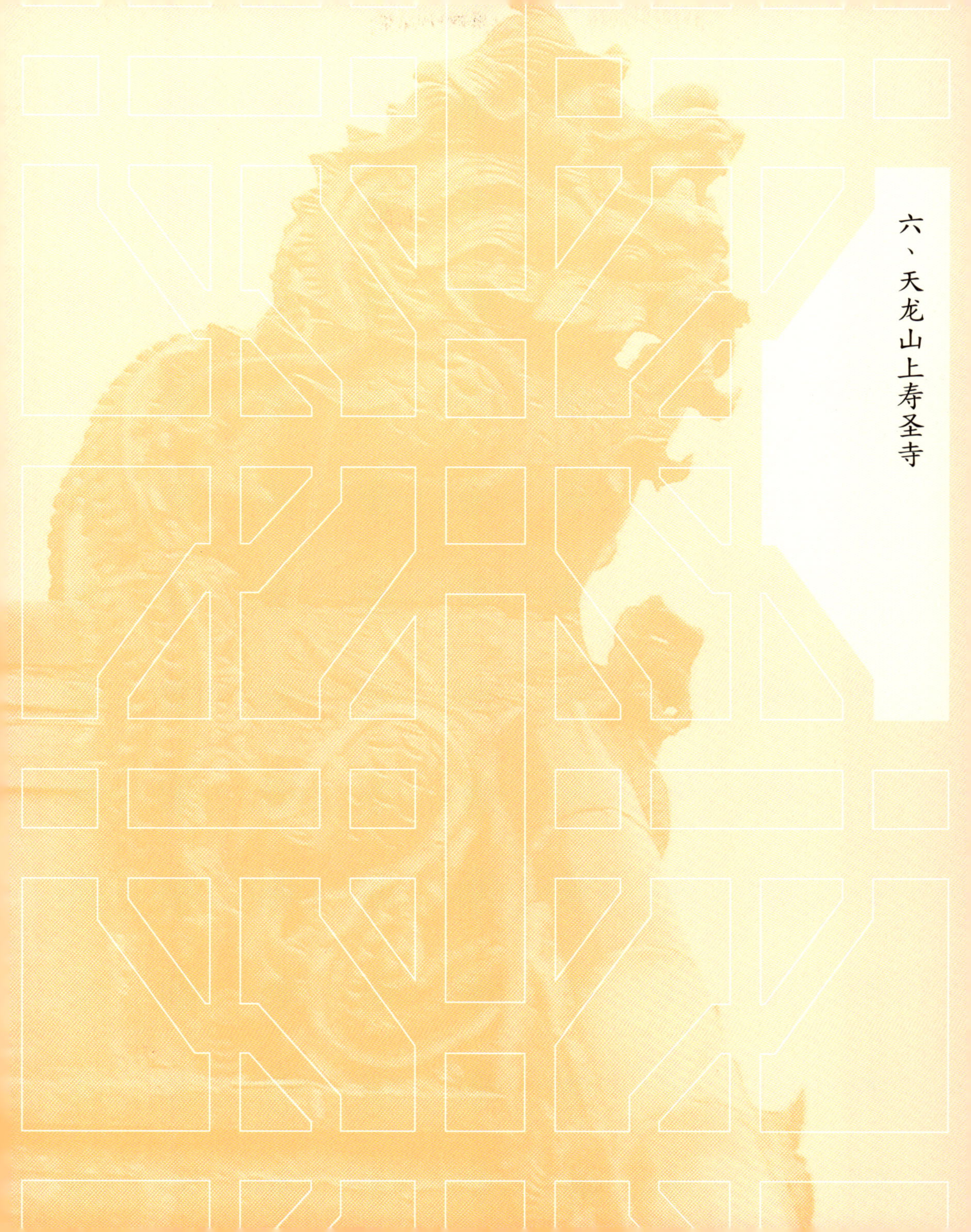

寺

天龙山石窟

图6-1 寿圣寺山门/前页
天龙山寿圣寺山门，面阔三间，进深二间，单檐悬山顶，实为天王殿，与山门合为一体。设前廊，塑二金刚，中间可穿行而过，山门内塑四大天王。

图6-2 琉璃团龙
位于寿圣寺山门前，左右各建斜照壁，形成“八”字墙，中嵌琉璃团龙各一。琉璃团龙，以孔雀蓝、土黄、绿色为主，配成艳丽色彩，在方形构图中，组成团龙圆心。团龙卷曲欲飞，造型十分生动。

天龙山寿圣寺在山之半麓，背枕危峰，门临绝壁，周环翠岭，景色宜人。据明《太原府志》记载：“天龙寺，县西南三十里王索西都，北齐皇建年建，内有石室并石佛像及隋开皇间碑刻《石室铭》，今已剥落。寺东一里余，凿壁为池，有天龙庙。”宋改称“寿圣寺”，后亦称“圣寿寺”。《太原县志》曰：“圣寿寺在县西南三十里天龙山麓，北齐皇建元年（560年）建。内有石室二十四龛、石佛四尊，隋开皇四年（584年）镌《石室铭》。寺东一里凿壁为池，有龙王庙，内有千佛楼。北汉广运二年（975年）刘继元命嬖臣范超冶金为佛，同平章事李恽撰碑。金天会二年（1124年）废，元至正二年（1342年）

图6-3 石狮/对面页
位于寿圣寺山门前，共有雌雄一对，雌狮慈眉善目，以前肢抚爱小狮；雄狮脚踏绣球，张嘴怒吼。二狮雕风古朴，形象栩栩如生。

重建。明正德初，僧道永建高阁以庇石佛。嘉靖二十五年（1546年），西岩凿石洞三龛以避兵。释洪连刺血书五大部经文于此。”寺宇自北齐创建之后，代有修葺、扩建，规模宏伟，向为一方名胜，《柳子峪志》作了这样的描绘：“梵殿禅堂，橐冪桔桀；钟楼佛阁，睽罛庨豁。苍松翠柏之间，表峣阙于阊阖；岭角岩腰之上，叛赫戏以辉煌。雕楹玉碣，点缀长空；绣栭云楣，高悬危处。何工巧之瑰玮，交绮豁以疏寮。避暑宫锷锷列列（高貌），其址难寻；白龙池汧汧滮滮（水流行声执也），波澜可掬。累层构而遂隮，每谱钵盂之韵；上飞闼而仰眺，曾闻钟磬之音。古佛虽难亲炙，高僧尚易常逢。匿迹销声之士，笔墨恒敷；寻芳觅胜之人，屡趾不断。在昔青锁丹墀，赫昈昈（音‘户’，赤文）以宏敞；于今镂槛文榥（屋连绵也），状巘（高貌）以凋残。”如此皇皇古刹，惜于1946年11月8日毁于兵燹。20世纪80年代以来，文物部门做了大量修复工作，将位于太原市北大寺村的崇福寺大殿迁建于此，并按明代风格修复了寺宇。寺为二进院落，山门居前，面阔三间，进深二间，单檐悬山顶，门内为天王殿，与山门合二为一。山门前阶下左右设“八”字照壁，中嵌琉璃团龙，两侧各一，色泽艳丽，造型生动。照壁前左右两侧置石狮各一躯，一雌一雄，雌狮前肢抚弄小乳狮，雄狮前肢踏蹂绣球，二狮歪首咧嘴，似笑若怒，栩栩如生，风格古朴。山门内寺院中第一座建筑为药师殿，面阔五间，单檐庑殿顶，明次二间辟门，可供穿行，实为过殿。大雄宝殿居后，建于石砌月台之上，面阔五间，

a

b

图6-4 四大天王

位于寿圣寺山门内，塑四大天王，故山门也称天王殿。四大天王高3米，分别手持琵琶、宝剑、伞和宝塔，按佛教《圆觉经》之说，为土、金、风、水，分别守护东、南、西、北。佛教在中国长期流传，又暗喻“风调雨顺”。

天龙山上寿圣寺

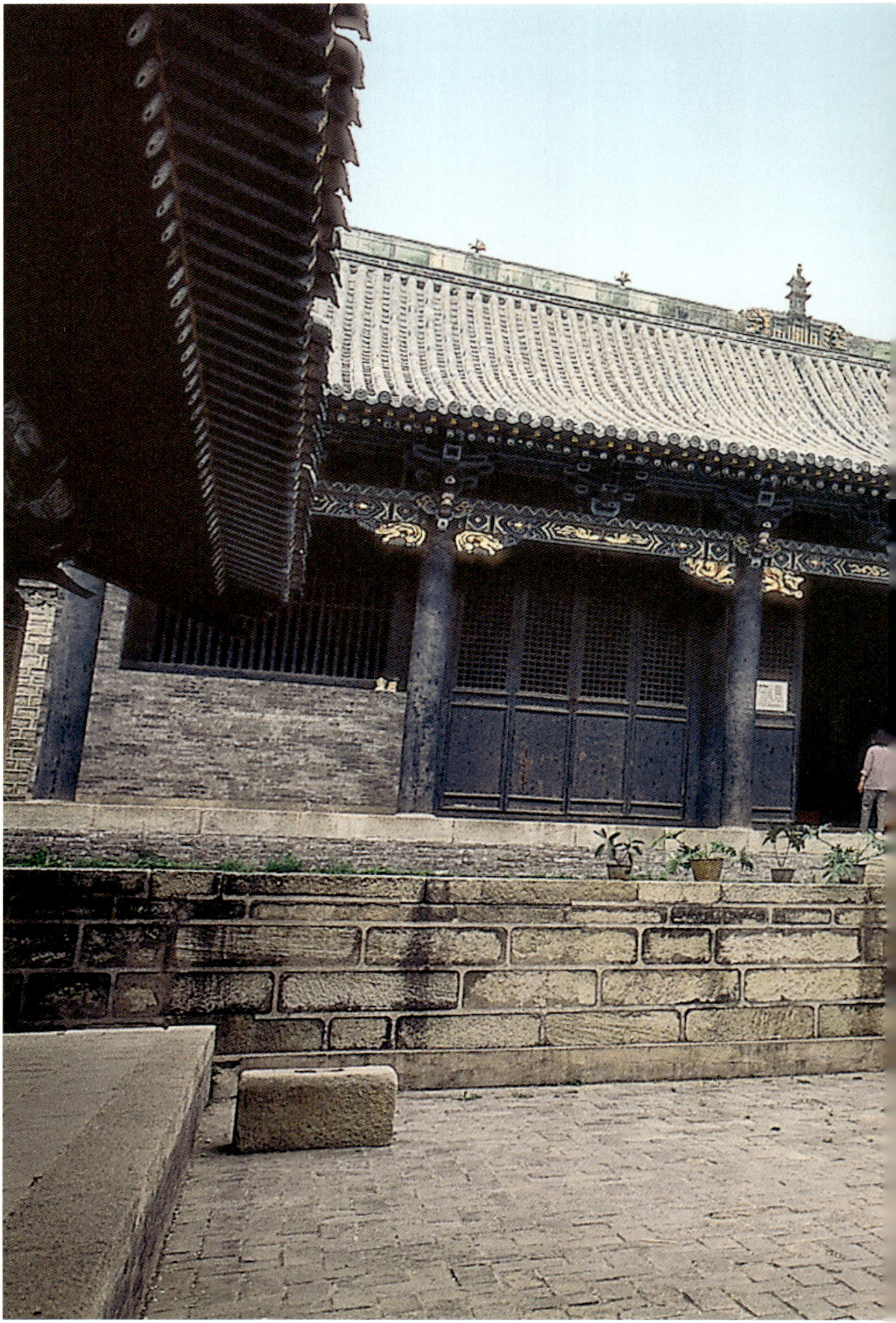

图6-5 大雄宝殿/前页
大雄宝殿位于寿圣寺中轴线最后，原为太原市北大寺村的崇福寺大殿，20世纪80年代迁建于此，为明初遗构。大殿建于石砌月台上，面阔五间，前檐设廊，单檐悬山顶，筒板瓦覆盖，琉璃剪边脊饰。

图6-6 东配殿
寿圣寺二进院内，东西两厢各建配殿五楹，分别为戒堂与客堂，图为东配殿，作为接待香客的客堂。

前檐插廊，明次三间施门，两梢间设窗，单檐悬山顶，筒瓦覆盖，琉璃脊饰，系迁建于此的崇福寺大殿，为明初遗构。二进院内东西两厢各建配殿五楹，分别为戒堂与客堂。禅院在寺东，有正殿三楹，单檐硬山顶，因内供观音像，故俗称“观音殿”。院内西禅房三间已辟为碑廊，内存石碑6通，分别为金海陵王正隆四年（1159年）《重修天龙寺铭碑》、明世宗嘉靖二十五年（1546年）《重修天龙寿圣寺碑记》、嘉靖四十四年（1565年）《天龙寿圣寺碑记》及《重修天龙寿圣禅林碑记》、明神宗万历二十三年（1595年）《重修天龙山寿圣寺殿阁记》、清穆宗同治二年（1863年）《补修圣寿寺序碑》。另有北汉刘继元广运二年（975年）《北汉英武皇帝新建天龙寺千佛楼碑铭》在大雄宝殿后，明神宗万历八年（1580年）《天龙石洞记》在大雄宝殿阶前右侧。禅院前有钟楼，十字重檐歇山顶，内悬古钟一口，铸造于明世宗嘉靖五年（1526年）五月，重达万斤。尤为珍贵者是山门前东西两侧所存

图6-7 禅院大门

寿圣寺东侧紧邻禅院，内有正殿三楹，两厢建东西配殿各三间，西配殿现已辟为碑廊，内存金、明、清等朝代的碑刻，有重要史料价值。

图6-8 观音殿/后页

为寿圣寺禅院内正殿，因内供观音像，故也称观音殿。大殿面宽三间，进深二间，单檐硬山顶，设前廊，灰瓦布顶。

图6-9 钟楼/上图

钟楼位于寿圣寺禅院前，十字重檐歇山顶，绿琉璃瓦布顶，檐下五踩斗栱。内悬铜钟一口，铸于明嘉靖五年（1526年），重达万斤，击之声闻数里，余音不绝。

图6-10 药师殿脊刹/下图

位于寿圣寺药师殿顶正脊中央，用黄、蓝、绿、紫、白五色琉璃烧制，脊刹由一对龙首组成，中间为仿木构三层楼阁式脊刹，龙首上分别雕造一狮一象，色彩艳丽，造型精美。

图6-11 药师殿斗栱/上图
位于寿圣寺药师殿转角处，为五踩一翘一昂斗栱。

图6-12 琉璃龙吻/左图
寿圣寺大雄宝殿的脊吻为五色琉璃龙形，龙身屈曲，张开巨口，造型十分罕见。

图6-13 琉璃仙人
位于寿圣寺大雄宝殿后檐垂脊端的仙人，高32厘米，五色琉璃，其造型为一穿甲武士，骑褐色战马，面相威武。

2尊金刚塑像，乃唐代遗物，虽经火焚已致残损，头颅不存，手臂不全，彩饰剥落，但其刚健有力的大幅度动作所产生之旋转乾坤的气势、叱咤风云的神威仍一目了然，动人心魄。塑像四肢动作之角度自然并且均衡，互相呼应，腰下袍裙垂地，增加了稳定感，其关节连接与转折处表现得细致入微，人体解剖与结构准确无误。其绷紧的皮肤、剽悍的躯体、强壮的肌肉、遒劲的四肢、内收的小腹、亢奋的身姿令观者仿佛感受到这些失去了头颅与手臂的壮汉们生命并没有终止，躯体内的血液仍在奔涌，心脏仍在跳动，一种雄性的美放射着灼人的光辉。这是劲的交响乐，是力的赞美诗。

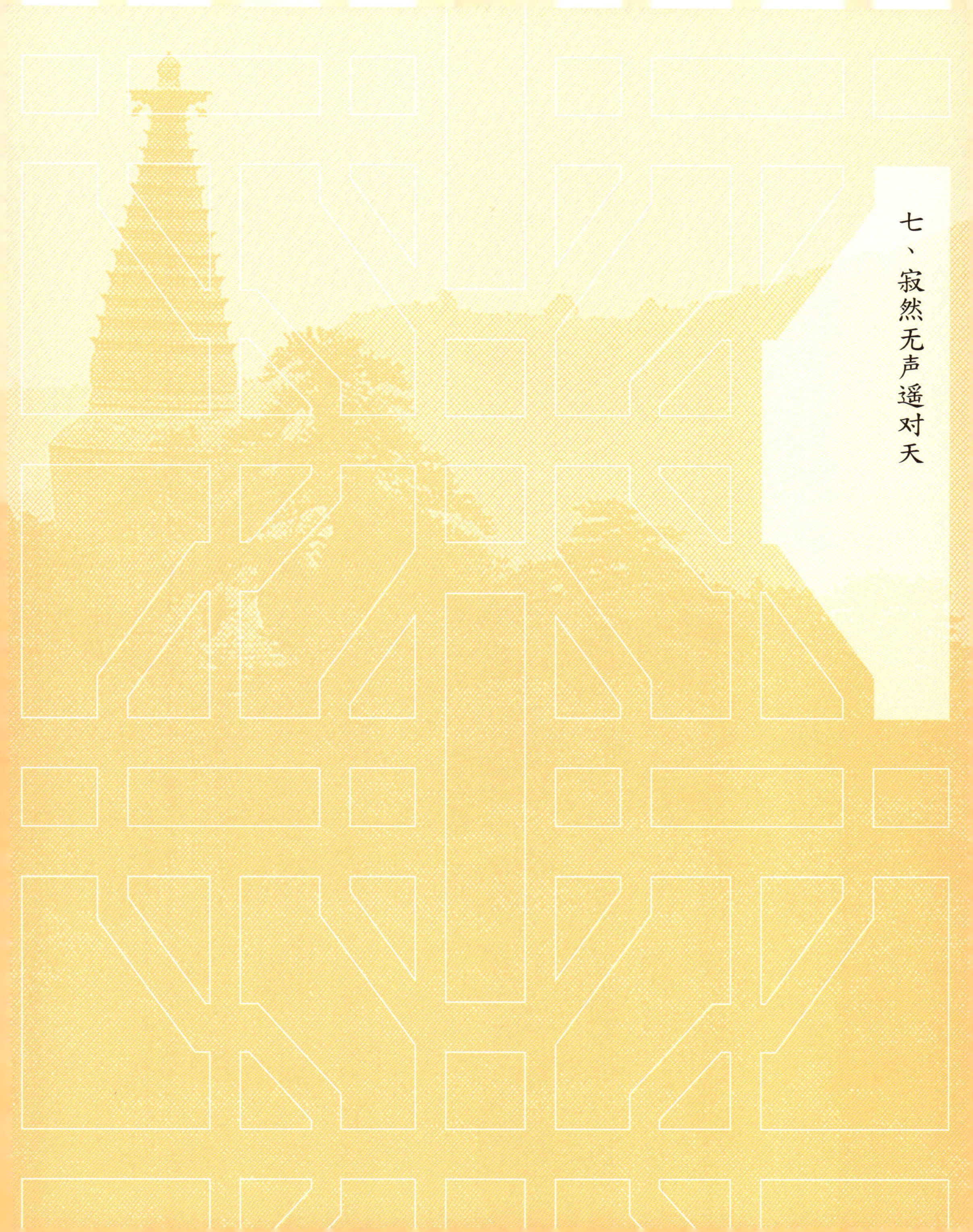

七、寂然无声遥对天

图7-1 观音塔

位于寿圣寺前东南方山腰，塔建于明代，为藏式喇嘛塔形制，高30米，白石塔基上为须弥座，塔身用砖砌筑，圆形中空，内供观音，俗称观音塔。南向辟券拱门，顶部为叠涩藻井，塔顶置相轮13层，极顶以黄琉璃宝珠收刹。远望石塔，绿荫映衬，灿然夺目。

寺、塔相映，配衬成趣，是佛教建筑常见的惯例。寿圣寺亦不例外，在寺前东南方山腰绿荫丛中，有一座观音塔。它远离寺院，偏处一隅，游履者罕至，寂然无声，遥对苍天，与世无争，却分明是天龙山兴衰和尘世间时序更迭悲欢离合的历史见证。塔为藏式喇嘛塔之形制。据《柳子峪志》记载，“小龙王庙下百十余步，危崖之巅，崛然特起，上干云霄者，为一浮屠，形似葫芦，中空而外圆，下丰而上锐，高可十数仞，大可十数寻。南辟一门，门外设磴十余级。蹑蹬而升，入门拜菩萨，并叩十八罗汉。像皆列坐，彩饰纤缛，衮以藻绣，文以朱绿，金碧辉煌，炫然夺目，此内容也。其外周围枞栝则郁蓊蔓菶，梓枫则棣爽棣棽，吐葩飏荣，布叶垂荫。塔之胜概，藉以弥彰。”塔体高大，通高约30米，白石为基，塔身磨砖对缝砌筑，是一座施工质量甚高的明代砖石塔。基座下为正方形，每边长8米；上为八角形须弥座，上下二枋均无莲瓣，束腰处镌刻莲花图案。基座上施正圆形仰莲瓣，莲尖甚锐。塔身为圆肚状，上宽下窄，上实下空，南向辟券拱门。内部塔室为圆形，两侧有罗汉塑

图7-2 云外禅师塔

位于寿圣寺山门西侧小山丘上，塔高约3米，为明嘉靖五年（1526年）云外禅师和尚墓塔。

图7-3 正定慧公大和尚塔

位于寿圣寺西侧偏院，塔高4米余，青石所制，藏式喇嘛塔，刻字“正定慧公大和尚”。

像共8尊，中塑观音菩萨像，中心牌位书“丰山岳塔”4字，顶部为叠涩式藻井，上覆木板。券门外有台阶十余级，可供出入塔室。塔肚上置圆形仰伏莲基座一层，镌刻七重莲瓣，上置相轮十三重，第十三层施木制伞盖，置于“井”字形梁架上。梁头悬铜铃，其上覆盖木板，板上铺设孔雀蓝琉璃，极顶以黄琉璃宝珠收刹。在众多的三晋古塔中，太原天龙山寿圣寺观音塔超卓不群，独具风韵，占据了一席重要地位。

八、天龙山雕塑艺术的残缺美

笔者的二位客人作为具有艺术家炽热天性的美术专业工作者，对天龙山石窟与寺庙极感兴趣，俯仰顿首，一步三叹。然而最令其怦然动情、销魂荡魄、叹为观止者，乃是天龙山雕塑艺术的残缺美！

我这里所谓的“残缺美”，绝非观者怀着一种病态的心理自病态的物象中去搜寻残缺而以为美。十几个世纪以前的南北朝时期，那些不知名的艺术大师们在这深山野坳里凭借简单的工具和坚定的信念，于岩石上开凿洞窟、雕镌佛像，创造了辉煌的业绩。时间的剥蚀和人为的破坏使这里的艺术珍品致残成缺，佛像被砍头断臂、剖腹挖心，美被亵渎污损和毁

图8-1 金刚像之一
位于寿圣寺山门廊前两侧，为唐代遗物，虽然火焚雨淋，头颅、手臂残损不存，色彩剥落殆尽，但泥塑躯体的准确解剖比例，肌肉、骨骼的动作力度、塑像身姿表现出的神韵气势仍能感人心魄，表现了唐代高超的雕塑艺术水平。

图8-2 金刚像之二

坏。这些惨遭破坏的佛像以自己的断臂残肢无声地诉说着破坏者的丑恶和卑劣，而其自身所具有的美学价值却非但没有因罪恶之手而稍有减损，反而因残缺破败产生了一种巨大的、深沉的、凝重的、惊心动魄的艺术感召力。这些无生命的雕像仿佛被法力无边的佛祖赋予了超自然的灵魂，在天龙山的洞窟中与天地长相厮守，又有谁能不衷心讴歌这些由残缺的肢体和完整的灵魂所组成的崇高的美呢？

天龙山石窟所存雕塑艺术珍品数量繁浩，逐一评价是一篇区区万余字的短文所无法办到的，今摘其具典型性者发一些感慨，倘能引起行家里手们的兴致并深入挖掘天龙山石窟蕴藏和积淀已久的美，则幸甚。

说“美”当然应该首先弄清楚“美”的概念，否则无从说起。

众所周知，美的要素有三：一曰色彩，二曰比例，三曰韵律。我们论说天龙山石窟艺术的美，主要是论说佛、菩萨造像之美，自然不会不牵涉到人体美，特别是女性的人体美。作为女性美来说，首先是色，即肤色的白净与柔滑、面色的红润与细腻、齿色的洁白与光亮、发色的乌黑与绵软、衣色的典雅与谐调……其次，人体美感是曲线与直线有机而巧妙的组合。直线与曲线组合谐调且以直线为主，体形显得苗条；以曲线为主，则体形显得丰满。不论苗条或者丰满，均可视之为美，这就是所谓“环肥燕瘦，各有千秋”。但曲线贴向直线并且向内陷落则不能视之为苗条，而只能称作干瘪；曲线完全遮盖了直线并且向外膨胀，近乎球状，则不是丰满而是肥胖。再者，恰当的比例可使全身各部位成为富有韵律感和节奏感的组合，否则局部再漂亮，整体也难于产生美感，甚至呈现畸形。人体结构的重点在于躯干，女性的咽喉和双乳峰所组成的三角形是女性人体美感的“金三角”，如果三角

图8-3 第15窟外观/对面页

唐代所凿，窟面方形，上部石制额枋上仿木构形式雕一斗三升斗栱及人字形斗栱，承托檐枋，有方椽孔一列，原似有木制窟檐。窟门两侧雕力士，惜被毁，只留残体。

形的三个边长相等，则符合美的标准。此外，腹部以扁平或者略向内收为美；侧面轮廓由胸脯经腰至臀呈明显的“S”形曲线为美；胸、腰、臀三部位的分界线越明显，人体的曲线便越有律动感，也就越见其美。如果双乳峰之间的距离（即“金三角”之底边）、双乳峰连线的中点至肚脐之距离、肚脐至双腿交叉处之垂直距离均相等，且上下身之间接近黄金比例（0.618），那么这种美便是无懈可击的。关于女性美，宋玉的《登徒子好色赋》作了颇为精彩的细致描绘：“增之一分则太长，减之一分则太短；著粉则太白，施朱则太赤；眉如翠羽，肌如白雪；腰如束素，齿如含贝。嫣然一笑，惑阳城，迷下蔡。”当然，中国女性的美还涉及面和手两个部位。眼皮的单双和眼睛的大小、鼻梁的正歪和鼻骨的凸塌、眉毛的长短和眉宇的走向、嘴唇的大小和唇线的构建、耳朵的大小和耳垂的厚薄、脖颈的长短和粗细，以及手的造型、指的长短、甲的色泽等，均是判断美丑的标准。“指如削葱根，口如含朱丹。纤纤作细步，精妙世无双”（见古诗《孔雀东南飞》），是美的典型体现。如果我们拿这些审美标尺去衡量天龙山石窟佛、菩萨造像，自然能够得到恰如其分的结论。

天龙山西峰石窟洞穴中的石刻佛像多数缺头少臂，毁坏之严重，真有些令人惨不忍睹。这些残缺的佛、菩萨造像上身半裸，肚脐外露，轻纱贴体，璎珞与彩带缠身，姿势为全结跏趺坐，神态飘逸潇洒，造型丰满圆润。其身、首、臂的残缺却无损于美的完整性，它们

图8-4　第8窟西壁佛像

第8窟西壁刻尖拱楣拱形龛，龛两侧角柱柱头雕凤鸟。龛内主佛及两侧弟子的头部均被凿毁。

那细滑的肌肤、苗条的身材、浑圆的胳膊、丰满的小腿、微翘的足趾、丰腴的手掌……既显现着天国之神的绰约风姿，又展示了尘世之人的音容笑貌，一个个充满了生命的活力，以其慈悲的胸怀及广博的睿智、高雅的气质，向来访者昭示着什么和解说着什么。

在佛教雕塑艺术中，供养菩萨像历来是最活跃、最生动、最具人性色彩的部分。但天龙山西峰石窟洞穴中的石刻供养菩萨像却被人完整地凿掉了，只剩下一个莲花台座和影子。就是这个残破的影子，也足以使我辈凡夫俗子心旷而神怡：她那婀娜多姿的身材、巍峨高耸的发髻、浑圆的肩、鼓凸的臀、半举的手、飘逸的带……无一不显现着美。由此使我想到：冥冥中莫非果真有万能的神灵，正是这神灵赋予了那些伟大的崇高的美以不朽的灵魂，以致它们被局部或整体破坏之后，即使只剩下一点残骸或一些影子，也仍旧能够向后来者展示其无与伦比的美呢？

如果说天龙山西峰石窟洞穴中的佛像大多是因人为破坏而致残的话，在东峰石窟洞穴中却有一尊纯粹是因大自然的摧残而致缺的石刻菩萨像。我想，大自然的心术并不见得有多么正派，它竟以自己的神力剥去了这尊石像的外衣，于是我们有幸目睹了一尊丰满的、和谐的、充满韵律的、恬淡高雅的、辉煌灿烂的女性体。她是维纳斯在东方的转世，是中国的美神。她长久地屈居中国山西太原西南这个深山野坳的洞穴中备受冷清与寂寞，“养在深闺人未识”。深信随着旅游事业的发展，她一定能够脱离洞穴，降临人间，步出国门，引起“一顾倾人城，再顾倾人国”的轰动效应。大自然采用破坏手段导致了这一尊菩萨像的美的升华，却对处于同一洞窟中的另一尊佛像宽容大度，关怀备至，以神奇的手段对人工美进行了长达十几个世纪的精心加工与再创造。大自然的神来之笔把写真艺术品变成了写意或写神，使我和我的客人看到了一帧在光与影的交错中虚无缥缈的、出神入化的、动人心魄的、发人遐想的艺术杰作。

“蛇”已画完，笔者尚觉言犹未尽，故再添一“足”：

在一般人的心目中，往往把漂亮与美混为一谈。漂亮绝不等同于美，它们分居两个不同的范畴。漂亮只是浅层次的感官刺激，是浮光掠影明快鲜亮，有时甚至是浅薄粗俗，看多了会眼花缭乱反胃作呕。美却是深层次高品位的心灵感应与震撼，是浑厚凝重高雅谐调恬淡素静韵味悠长，有时或许是残缺和丑陋。“丑”也是美么？在特定情况下，“丑”也是美。丑得惊心动魄了有时候也是美，或许是更高层次的美。看过电影《巴黎圣母院》吧？倘看过，请回忆一下那位与美丽的吉卜赛女郎艾斯米拉达形成对比的敲钟人卡西莫多吧！想起来了，你也许会理解“丑之美”。

大事年表

朝代	年号	公元纪年	大事记
东魏	武定年间	543—550年	始凿天龙山东峰第2、第3号石窟
	武定八年	550年	高欢建避暑宫
北齐	天保二年	551年	凿第1、第10号窟
	皇建元年	560年	始建天龙寺、白龙庙、第9号窟前之大佛阁，改方山为天龙山
隋	开皇四年	584年	凿第8、第16号石窟，镌刻《石室铭》碑
唐		618—907年	凿第4、第5、第6、第7、第11、第12、第13、第14、第15、第17、第18、第19、第20、第21号窟共14窟及4个未编号窟
晚唐至五代		907—960年	开凿第9号窟
北汉	天会年间	957—973年	重修天龙寺
	天会十六年	972年	建千佛楼
	广运二年	975年	北汉帝刘继元命范超冶铁铸佛像置于千佛楼内，李恽撰《北汉英武皇帝新建天龙寺千佛楼碑铭》
金	天会二年	1124年	天龙寺毁废
	皇统八年	1148年	再建天龙寺
	正隆三年	1158年	续修天龙寺山门并重建钟鼓楼
	正隆四年	1159年	智允迪撰、住持法泉等立《重修天龙寺碑铭》
元	至正二年	1342年	重修天龙寺，改额“寿圣寺”，并勒石立碑志念

朝代	年号	公元纪年	大事记
明	弘治元年	1488年	古潭法师居天龙山并重修寺宇
	正德元年	1506年	僧道永重建高阁以庇大石佛
	嘉靖二年	1523年	王守连募资重修天龙寿圣寺
	嘉靖五年	1526年	铸万斤铁钟
	嘉靖二十一年	1542年	寿圣寺焚毁
	嘉靖二十四年	1545年	重修石窟寺大佛阁
	嘉靖二十五年	1546年	扩建天龙寿圣寺，西岩凿石洞3窟以避兵，释洪连于此刺血书写五大部经文，雷鹏撰、书《重修天龙寿圣寺碑记》并勒石立碑
	嘉靖四十四年	1565年	再修寺院山门及钟鼓楼，镌立《天龙寿圣寺碑记》及《重修天龙寿圣禅林碑记》
	万历八年	1580年	扩建天龙山石窟，镌刻《天龙石洞记》
	万历二十三年	1595年	重修寿圣寺殿阁，朱胤龙撰《重修天龙山寿圣寺殿阁记》并勒石立碑
	万历三十五年	1607年	晋靖安王题天龙八景诗匾
	天启五年	1625年	赎回天龙寺稻田地产，镌《重赎稻地记》碑
清	康熙五年	1666年	朱彝尊登天龙山考证北汉所立《新建天龙寺千佛楼碑铭》
	康熙三十九年	1700年	建寿圣寺藏经楼
	雍正十二年	1734年	重修寺院围墙，镌立《重修围墙记》碑铭
	乾隆十八年	1753年	为山界讼案立《柴汤沟山界讼案》碑铭
	同治二年	1863年	修葺寿圣寺，重修禅院，镌《补修寿圣寺序》碑

朝代	年号	公元纪年	大事记
中华民国	10年	1921年	（法）西林、（日）常盘大定及田中俊逸等考察天龙山，发表考察报告及学术论文，出版大型画册《天龙山》
	13年	1924年	天龙山石窟历经大破坏，150余件石雕艺术品流失国外
	19年	1930年	冯玉祥将军隐居天龙山并题词，蒋介石派飞机窥探
	21年	1932年	阎锡山登天龙山，成立太原县保存古迹委员会
	22年	1933年	在北平查获日本人盗卖天龙山佛头及各种文物，寿圣寺住持净亮被逐
	23年	1934年	清查寿圣寺庙产，刘大鹏编撰《柳子峪志》
	24年	1935年	清康熙年间所建藏经楼倾圮
	35年	1946年	寿圣寺毁于兵燹
中华人民共和国		1963年	雕塑艺术家傅天仇、美术史家史岩发表评介天龙山石窟艺术之文章
		1979年	迁建太原市南郊大寺村崇福寺大殿于寿圣寺大雄宝殿遗址
		1981年	修筑天龙山旅游公路，复建关帝庙、白龙庙
		1982年	修复第9号窟观音石雕像头部
		1984年	开辟天龙山千米石阶，开始全面修复寿圣寺
		1985年	修复九莲洞之五洞，以及寿圣寺药师殿和东西配殿，重塑天王像，维修观音塔，成立天龙山文管所
		1986年	复建寿圣寺钟楼
		1987年	复建第9号窟前之漫山阁
		1988年	建高欢避暑宫遗址亭
		1989年	重修寿圣寺禅堂院

“中国精致建筑100”总编辑出版委员会

图书在版编目（CIP）数据

天龙山石窟／王宝库等撰文／青榆等摄影.—北京：中国建筑工业出版社，2014.6
（中国精致建筑100）
ISBN 978-7-112-16625-1

Ⅰ.①天… Ⅱ.①王… ②青… Ⅲ.①石窟-太原市-图集 Ⅳ.①K879.292

中国版本图书馆CIP数据核字（2014）第057551号

责任编辑：董苏华 张惠珍 孙立波
技术编辑：李建云 赵子宽
图片编辑：张振光
美术编辑：赵 清 康 羽
书籍设计：瀚清堂·赵 清 周伟伟 康 羽
责任校对：张慧丽 陈晶晶 关 健
图文统筹：廖晓明 孙 梅 骆毓华
责任印制：郭希增 臧红心
材料统筹：方承艺

中国精致建筑100
天龙山石窟
王宝库 王永先 撰文/青 榆 王 鹏 摄影

中国建筑工业出版社出版、发行（北京西郊百万庄）
各地新华书店、建筑书店经销
南京瀚清堂设计有限公司制版
北京顺诚彩色印刷有限公司印刷

开本：889×710 毫米 1/32 印张：$2^{3}/_{4}$ 插页：1 字数：120 千字
2016年3月第一版 2016年3月第一次印刷
定价：**48.00**元
ISBN 978-7-112-16625-1
（24362）